Reihe: Meilensteine Deutsch

Thomas Heinrichs (Hrsg.)
Alexandra Leuchter, Nicole Mohnen,
Martina Zerr

Rechtschreiben

Heft 2

* Hier kannst du einen Namen einsetzen.

Ernst Klett Verlag
Stuttgart · Leipzig

Sortiere die Merkwörter nach dem Alphabet.
Markiere V/v.

1. Klavier
2. vier
3. von
4. Vokal
5. voll
6. vorher
7. Vormittag
8. vielleicht
9. Vase
10. November
11. Vater
12. Verkehr
13. ~~Advent~~
14. Verb
15. violett

Advent

Suche die Wörter mit V/v. Löse das Rätsel. Markiere V/v.

1. Musikinstrument *Klavier* __________
2. Gefäß für Blumen __________
3. Vorweihnachtszeit __________
4. Elternteil __________
5. Gegenteil von leer __________
6. Fremdwort für Tuwort __________
7. nach drei kommt … __________
8. vorletzter Monat im Jahr __________
9. liegt zwischen Morgen und Mittag __________
10. a, e, i, o und u sind … __________
11. blau und rot gemischt __________
12. auf der Straße ist viel … __________
13. Gegenteil von nachher __________
14. nicht unbedingt __________
15. Wort mit drei Buchstaben __________

Der Buchstabe V/v kann
wie ein w oder
ein f klingen.

Hörst du w, so markiere das V/v-Wort gelb.

Hörst du f, so markiere das V/v-Wort grün.

Vogel

Vater

Vampir

November

Vormittag

Verkehr

Verbrecher

Klavier

Vase

Vorfahrt

Versuch

Vorname

Verbot

Advent

Ventil

Bilde mit den Nomen von Seite 4 zusammengesetzte Nomen.
Schreibe sie mit Artikel in die Tabelle.
Markiere V/v.

Wort mit V/v	zusammengesetztes Nomen
der Vogel	das Vogelnest
die Vase	die Blumenvase

Bilde mit der Vorsilbe vor- neue Verben. Schreibe die Wörter auf.

~~singen~~ | schlagen | tanzen | lesen
laufen | finden | fahren | spielen

vorsingen ____________ ____________

____________ ____________

____________ ____________

____________ ____________

Häufig wird die Vorsilbe vor- wieder von dem Verb getrennt.

Ergänze das passende Verb von oben.

Alina *singt* dem Chorleiter heute etwas *vor*.

Thomas möchte schon einmal mit dem Rad ____________.

„Möchtest du mir das Buch ____________?", fragt Karim.

Ich ____________ meinen Freunden mit der Flöte etwas ________.

Tina ____________ ________, die Süßigkeiten zu teilen.

Während der Rallye soll kein Kind alleine ____________.

Die Lehrerin ____________ im Sportunterricht ________.

Mama möchte nicht noch einmal so ein Chaos in meinem Zimmer ____________.

Bilde mit der Vorsilbe ver- neue Verben. Schreibe die Wörter auf.

~~suchen~~ | lieben | bringen | spielen | bieten | schlucken | fahren | brennen

versuchen ______________________ ______________________

______________________ ______________________

______________________ ______________________

______________________ ______________________

Ergänze das passende Verb von oben.

Versuche das Rätsel zu lösen.

Leider ______________ ich mich noch häufig auf der Flöte.

Im letzten Urlaub haben wir uns mit dem Auto ______________.

An der Kerze kannst du dich leicht ______________.

Papa ______________ mir, heute lange draußen zu bleiben.

Svenja ist in Aaron ______________.

Sie möchte viel Zeit mit ihm ______________.

Ich habe mich beim Mittagessen ______________.

Lies den Text auf der nächsten Seite.
Markiere alle Wörter mit V/v (12).
Suche das Wort. Male das Wort an.

N	P	K	T	V	O	L	K	E	R	U
O	L	V	R	T	X	R	S	T	V	V
V	I	O	L	E	T	T	E	M	T	O
E	A	R	C	D	E	V	X	T	B	R
M	E	B	X	T	B	I	O	V	L	M
B	R	E	Y	Z	V	O	P	E	X	I
E	L	I	B	V	K	L	K	R	Q	T
R	T	H	V	I	J	A	O	L	P	T
A	R	V	I	E	R	V	T	I	R	A
U	X	Ö	G	L	D	A	B	E	C	G
D	W	G	L	E	M	X	T	B	G	V
B	V	E	R	S	U	C	H	T	N	R
C	V	L	G	H	L	V	D	N	E	F
M	T	B	B	M	E	C	M	T	X	V
V	E	R	B	R	I	N	G	E	N	R

Schreibe die Wörter mit V/v auf.
Markiere V/v.

Viola

Schreibe den Text ab. Benutze die Rückseite.

Ein schöner Nachmittag

Viola ist verliebt.
Schon seit November versucht sie Volker zu zeigen,
wie nett sie ihn findet.
Bereits vier Mal hat sie ihn angerufen,
aber immer wieder aufgelegt.
Auch E-Mails hat sie ihm schon viele geschrieben,
aber niemals abgeschickt.

Als sie am Vormittag auf einer Wiese sitzt
und Vögel beobachtet,
kommt er ganz zufällig vorbei
und setzt sich zu ihr auf die violette Decke.
Die beiden verbringen den ganzen Tag zusammen.

Ein

Das kann ich jetzt!

Es gibt viele V/v -Wörter.

Diese Wörter musst du dir merken.

Schreibe das passende Wort mit V/v .

_______________ _______________ _______________

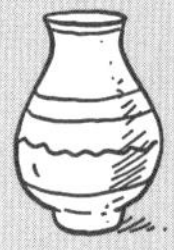

_______________ _______________ _______________

Schreibe die Verben mit der Vorsilbe vor- oder ver- auf.

_______________ _______________ _______________

Ergänze das passende Verb von oben.

Viola ist in Volker _______________ .

Leo _______________ seiner Oma ein Lied ____.

In der Schule __________ ich meinem Freund die Lösung ____.

Hier übst du Merkwörter
mit doppeltem
Selbstlaut (Vokal).

**Sortiere die Merkwörter nach dem Alphabet.
Markiere den doppelten Selbstlaut (Vokal).**

1. Haare	Beeren
2. Zoo	
3. Tee	
4. Kaffee	
5. Klee	
6. ~~Beeren~~	
7. Moos	
8. See	
9. Meer	
10. Boot	
11. Schnee	
12. Paar	
13. Waage	
14. Beet	
15. Moor	

Suche Wörter mit aa, ee, oo.
Löse das Rätsel.
Markiere den doppelten Selbstlaut (Vokal).

1. zeigt das Gewicht an *Waage* ____________
2. Sumpfgebiet ____________
3. Liebes... ____________
4. Getränke ____________
5. hast du auf dem Kopf ____________
6. fällt im Winter ____________
7. Tierpark ____________
8. Glücksbringer ____________
9. Schiff ____________
10. hier leben Salzwasserfische ____________
11. hier leben Süßwasserfische ____________
12. Früchte ____________
13. weiches „Bett“ im Wald ____________
14. befindet sich im Garten ____________

Die Merkwörter von Seite 12 helfen dir.

Suche alle Merkwörter mit doppeltem Selbstlaut (Vokal) (15). Male das Wort an.

X	B	Z	D	V	R	P	U	L	K	T	B	X	M
B	E	E	T	R	S	K	L	E	E	O	O	R	O
D	E	I	E	T	L	A	T	O	L	D	O	U	O
R	R	I	E	O	O	F	U	S	X	V	T	G	R
O	E	E	O	L	L	F	U	R	B	Z	A	A	D
T	N	Z	D	M	E	E	R	R	U	T	G	A	H
U	X	Y	R	V	L	E	V	M	O	O	S	O	R
Z	W	V	G	G	D	L	Z	D	T	T	C	O	H
X	R	U	P	R	G	G	O	O	R	N	H	L	A
M	S	Q	A	V	S	U	O	R	U	M	N	T	A
N	W	A	A	G	E	R	S	T	V	M	E	D	R
O	P	T	R	T	N	T	X	Y	S	E	E	V	E

Schreibe die Merkwörter auf. Markiere den doppelten Selbstlaut (Vokal).

Schnee

Setze die passenden Merkwörter ein.
Markiere den doppelten Selbstlaut (Vokal).

Im Winter fällt oft Schnee vom Himmel.

Im Frühling pflanze ich Blumen in das ______________.

Im Herbst pflücke ich die ____________ von den Sträuchern.

Um mein Gewicht zu messen, brauche ich eine ____________.

Die Ente schwimmt auf dem ______________.

Meine Mutter trinkt morgens am liebsten ______________

und mein Vater ______________.

Auf unserem Rasen wachsen auch ______________

und ______________.

Mit der Klasse mache ich einen Ausflug in den ___________,

wo wir viele verschiedene Tiere sehen.

Meine Eltern sind ein ______________.

Für unser neues ______________ brauche ich zwei Ruder.

Die ______________ schneidet man beim Friseur.

Ein Sumpfgebiet nennt man auch ______________.

Im Sommer fahren wir wieder ans ______________.

Löse das Rätsel.
Setze ein.

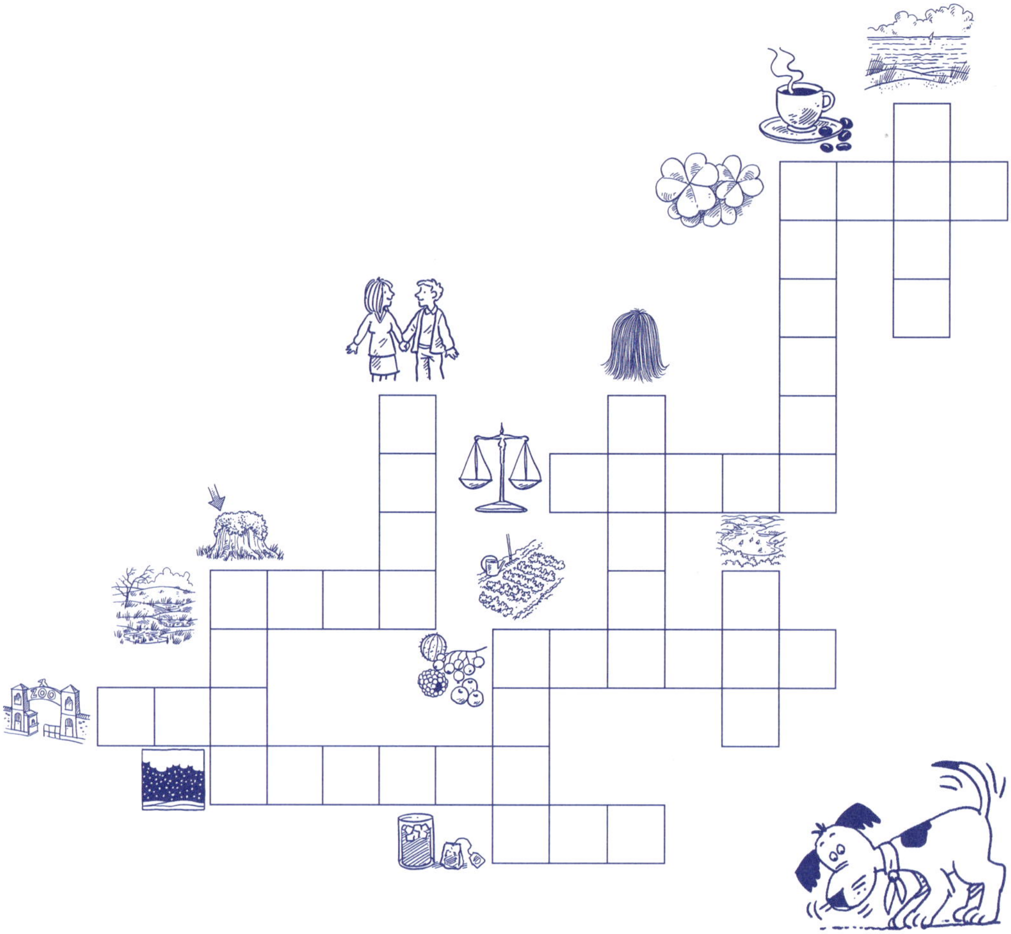

Markiere die Merkwörter mit den doppelten Selbstlauten (10) (Vokalen).
Schreibe den Text ab. Benutze die Rückseite.

Sommerferien

Wir fahren heute in den Urlaub an die See.
Bevor es losgeht,
trinkt mein Vater noch einen Kaffee
und mein Bruder einen Tee.
Wir packen unser Boot ein,
während meine Mutter ihre Haare föhnt.
Leider finde ich das Paar Schuhe nicht,
mit denen ich immer ins Meer gehe.
Dieses Mal besuchen wir
im Urlaub auch einen Zoo.
Bei den Eisbären gibt es
sogar eine Schneelandschaft
und die Affen fressen kleine rote Beeren.

Sommerferien

Das kann ich jetzt!

Es gibt einige Wörter
mit einem doppelten Selbstlaut (Vokal).
Diese Wörter musst du dir merken.

**Schreibe das passende Wort
mit doppeltem Selbstlaut (Vokal).**

 ____________

____

 ____________

 ____________

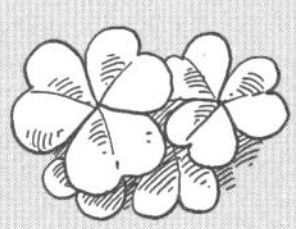 ____________

 ____________

 ____________

 ____________

 ____________

 ____________

 ____________

 ____________

 ____________

 ____________

Sortiere die Merkwörter nach dem Alphabet.
Markiere Eu/eu.

1. Eule	Beute
2. neun	
3. Leute	
4. Feuer	
5. heute	
6. Euro	
7. freuen	
8. Europa	
9. ~~Beute~~	
10. heulen	
11. Deutschland	
12. Freunde	
13. teuer	
14. Kreuz	
15. neugierig	

Suche Wörter mit Eu/eu.
Löse das Rätsel.

1. Nachtvogel ______
2. unsere Währung ______
3. nicht günstig, sondern … ______
4. anderes Wort für Brand ______
5. weinen ______
6. zwischen gestern und morgen ist … ______
7. mehrere Menschen ______
8. Erdteil ______
9. eine Zahl ______
10. Verb zu *Freude* ______
11. wir leben in … ______
12. befindet sich in Kirchen ______
13. die Diebe machen fette … ______
14. wir sind die besten … ______
15. Adjektiv zu *Neugier* ______

Suche alle Merkwörter mit Eu/eu (15).
Male das Wort an.

L	T	E	U	R	O	P	A	E	U	T	R	A
E	V	R	G	H	L	T	I	J	Z	T	G	A
U	I	N	E	U	G	I	E	R	I	G	A	F
T	J	E	M	A	M	D	V	E	R	T	G	R
E	C	K	X	H	E	U	T	E	L	E	U	E
B	N	J	A	M	U	N	U	E	B	Z	V	U
N	E	F	T	E	U	E	R	T	E	R	N	N
E	C	H	I	A	X	I	R	B	U	Z	O	D
U	X	H	E	U	L	E	N	E	T	E	U	E
N	T	E	U	X	K	L	R	M	E	K	R	V
X	R	Y	V	T	E	U	L	E	L	K	J	E
D	E	U	T	S	C	H	L	A	N	D	I	U
S	K	F	R	E	U	E	N	R	D	X	V	R
K	R	E	U	Z	V	F	E	U	E	R	T	O

Schreibe die Merkwörter auf.
Markiere Eu/eu.

Leute

Male verwandte Wörter in der gleichen Farbe aus.

anfeuern | Freunde | Kreuzung

Kreuz | sich anfreunden | freuen | Lagerfeuer

Feuer | Freude | ankreuzen

Feuerwehr | freundlich | Freundschaft

kreuzen | Vorfreude | gefreut

Sortiere die verwandten Wörter in die Kästen.

Freunde ____________________

____

____

____

____

____

____

____

____

____

____

____

____

____

____

____

Löse das Rätsel.
Setze ein.

Markiere alle Wörter (16) mit Eu/eu. Schreibe die Sätze ab. Benutze die Rückseite.

Deutschland liegt in Europa.

Die Eule ist ein Nachtvogel.

Der Schüler freut sich über den guten Test.

Die Leute schauen sich neugierig den Unfall an.

Die Feuerwehr löscht ein Feuer.

Das Fahrrad kostet 150 Euro. Das ist sehr teuer.

Zwischen gestern und morgen liegt heute.

Auf dem Dach der Kirche ist oft ein Kreuz.

Die neun Diebe haben fette Beute gemacht.

In der Schule finde ich neue Freunde.

Deutschland

Das kann ich jetzt!

Es gibt nur wenige Eu/eu-Wörter.

Diese Wörter musst du dir merken.

Schreibe das passende Wort mit Eu/eu.

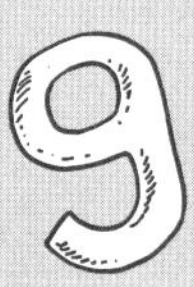

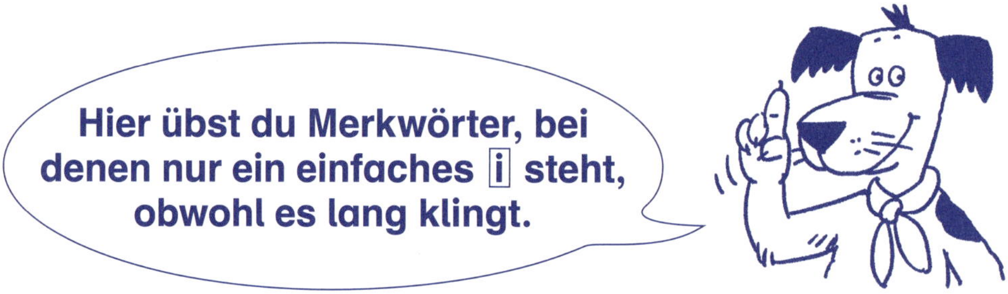

Sortiere die Merkwörter nach dem Alphabet. Markiere das lang klingende i.

1. Maschine
2. Biber
3. Tiger
4. Igel
5. Nilpferd
6. Krokodil
7. Lawine
8. Vitamine
9. Benzin
10. Kino
11. Rosine
12. Musik
13. ~~Apfelsine~~
14. Kilogramm
15. Gardine
16. Medizin

Apfelsine

Suche Wörter mit lang klingendem [i]. Löse das Rätsel. Markiere das lang klingende [i].

1. Wildkatze mit Streifen — *Tiger*
2. verschreibt der Arzt — ____________
3. damit fahren Autos — ____________
4. getrocknete Traube — ____________
5. Tier, das Bäume fällt — ____________
6. Filme laufen im ... — ____________
7. Flusspferd — ____________
8. Orange — ____________
9. Stoff, der an Fenstern hängt — ____________
10. Schneerutsch in den Bergen — ____________
11. 1000 Gramm ergeben ein — ____________
12. Töne und Melodien — ____________
13. Tier mit Stacheln — ____________
14. davon gibt es viele in Fabriken — ____________
15. die braucht dein Körper — ____________
16. Alligator — ____________

Suche alle Merkwörter mit lang klingendem i (16). Male das Wort an.

M	A	S	C	H	I	N	E	V	D	I	M	R	K	X
E	X	X	L	D	D	I	R	I	L	D	U	R	V	T
D	T	B	I	B	E	R	O	T	O	G	S	S	N	V
I	R	O	X	E	Q	G	T	A	X	Z	I	T	I	K
Z	V	R	D	N	R	D	T	M	T	N	K	X	L	I
I	D	O	O	Z	A	G	I	I	R	R	R	V	P	L
N	L	A	W	I	N	E	N	N	G	O	D	R	F	O
G	E	D	I	N	Q	M	G	E	E	S	L	I	E	G
R	M	T	R	D	I	K	X	T	K	I	N	O	R	R
A	P	F	E	L	S	I	N	E	B	N	D	X	D	A
D	R	V	D	S	K	O	R	R	E	E	R	I	V	M
D	K	R	O	K	O	D	I	L	J	V	K	G	R	M
P	S	T	G	N	O	L	Z	L	T	I	G	E	R	R
G	A	R	D	I	N	E	Q	D	M	I	N	L	G	B

Schreibe die Merkwörter auf. Markiere das lang klingende i.

Maschine

Setze die passenden Merkwörter ein. Markiere das lang klingende [i].

In den Fabriken stehen viele Maschinen.

Im Winter hält der ______________ Winterschlaf.

In den Bergen geht manchmal eine ______________ ab.

Das Auto braucht zum Fahren ______________.

Ich esse nicht gerne ______________ im Kuchen.

Heute Nachmittag gehe ich mit meinem Freund

ins ______________ und schaue den Zeichentrickfilm an.

Mein Freund sagt zur Orange ______________.

Wenn ich krank bin, nehme ich ______________.

Der ______________ fällt Bäume mit seinen scharfen Zähnen.

Ich höre gerne ______________ im Radio.

An den Fenstern haben wir neue ______________.

In Obst und Gemüse sind viele verschiedene ______________.

Eine große Wildkatze mit Streifen ist der ______________.

In Afrika leben ______________ und ______________.

Meine Mutter braucht für das Apfelkompott

ein ______________ Äpfel.

Löse das Rätsel.
Setze ein.

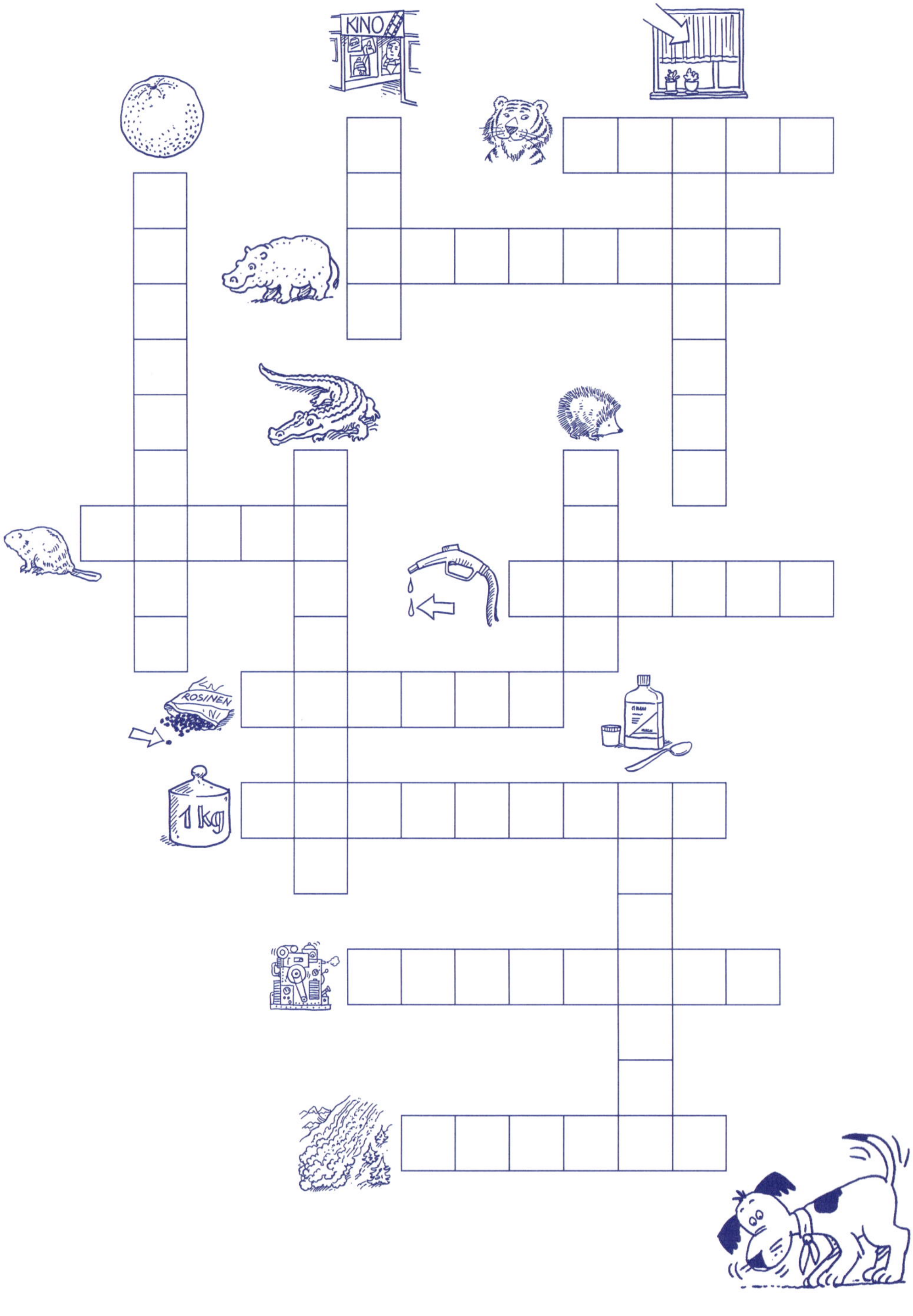

Markiere die Merkwörter (12) mit dem lang klingenden i.
Schreibe den Text ab. Benutze die Rückseite.

Samstagnachmittag

Meine Mutter hat heute die Gardinen

in der neuen Waschmaschine gewaschen.

Ich habe in der Zeit einen Film über Tiger,

Nilpferde und Krokodile geschaut.

Meine Mutter sagte, ich solle eine Apfelsine essen,

weil sie viele Vitamine hätte.

Ich habe aber lieber die Rosinen gegessen.

Mein Vater wollte mit meiner Mutter ins Kino fahren,

weil dort ein Film über einen berühmten Musiker lief.

Leider war nicht mehr genug Benzin im Tank,

sodass wir alle zu Hause das Igelspiel spielten.

Samstagnachmittag

Das kann ich jetzt!

Es gibt einige Wörter, bei denen nur
ein einfaches i steht, obwohl es lang klingt.
Diese Wörter musst du dir merken.

Schreibe das passende Merkwort auf.

 ____________

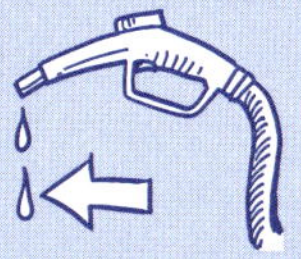 ____________

 ____________

____

 ____________

____

 ____________

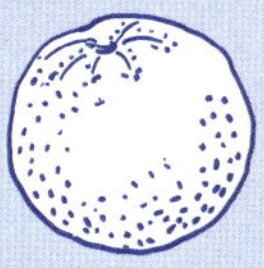 ____________

 ____________

 ____________

 ____________

 ____________

 ____________

____

Sortiere die Wörter nach dem Alphabet.
Markiere schwierige Stellen.

1. Interview	Computer
2. T-Shirt	
3. Jeans	
4. Inliner	
5. Skateboard	
6. Rallye	
7. Handy	
8. surfen	
9. Restaurant	
10. E-Mail	
11. Toast	
12. Ketchup	
13. Computer	
14. Laptop	
15. Team	
16. fair	

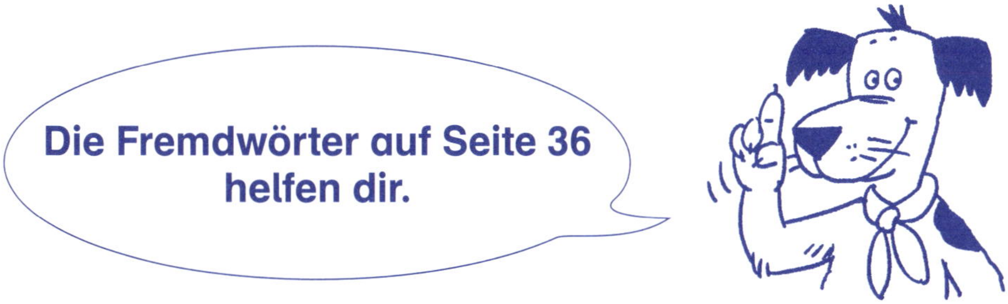

Suche die Fremdwörter. Löse das Rätsel.

1. Computer zum Mitnehmen ______________
2. blaue Hose ______________
3. Kleidungsstück für den Sommer ______________
4. kann man im Internet machen ______________
5. Mobiltelefon ______________
6. kalte Soße aus Tomaten ______________
7. das ist die Nationalelf ______________
8. an ihm kann man auch Spiele spielen ______________
9. eine Befragung ______________
10. das isst man zum Frühstück ______________
11. dort kann man essen ______________
12. elektronischer Brief ______________
13. das sollten Sportler sein ______________
14. Brett mit vier Rollen ______________
15. Schuh mit vier Rollen ______________
16. Rennen oder Wettspiel ______________

Ordne die Wörter.

~~Internet~~ Chips fair

Inliner Skateboard Pizza Team

Rallye Handy surfen Snowboard

Restaurant E-Mail Toast Scanner

Ketchup Computer Laptop CD-Player

Wörter aus der Technik:

Internet

Wörter aus Sport und Spiel:

Wörter rund um das Essen:

Setze die richtigen Fremdwörter ein.

Ein Brett mit Rollen nennt man *Skateboard*.

Der Reporter führt ein ______________________.

Am liebsten ziehe ich eine ______________

mit einem ______________ an.

Am Geburtstag machen wir mit vielen Kindern

eine ______________.

Ich schreibe einen Text auf dem ______________.

Sonntags gehen wir manchmal im ______________ essen.

Viele Leute telefonieren mit einem ______________.

Ich esse gerne Pommes mit ______________.

Ein Sportler sollte immer ______________ spielen.

Ich schmiere mir Marmelade auf den ______________.

Eine ______________ ist ein Brief, den man im Internet

verschickt.

Suche Fremdwörter (14).
Male das Wort an.

F	A	I	R	H	A	L	Z	I	X	R	T	Y
Y	R	V	D	H	K	X	Y	N	Z	E	S	S
C	J	J	E	A	N	S	I	T	E	S	X	K
O	B	N	T	N	K	U	N	E	S	T	S	A
M	Y	N	A	D	D	R	K	R	R	A	K	T
P	K	I	S	Y	T	F	R	V	D	U	V	E
U	R	Y	S	V	D	E	Y	I	K	R	D	B
T	E	A	M	X	Y	N	F	E	R	A	T	O
E	S	K	C	C	R	D	Y	W	D	N	D	A
R	S	D	C	K	V	K	D	K	R	T	Y	R
B	K	E	T	C	H	U	P	B	E	S	R	D
E	E	M	O	M	A	R	R	I	T	K	U	K
K	E	L	A	I	N	L	I	N	E	R	M	L
N	N	Y	S	O	P	P	D	M	A	D	Y	M
L	A	P	T	O	P	R	R	A	L	L	Y	E

Schreibe die Fremdwörter auf.

fair

Schreibe den Text ab. Benutze die Rückseite.

Susis Interview mit Tom

„Was isst du am liebsten?“

„Im Restaurant esse ich gerne Schnitzel mit Ketchup.

Morgens esse ich gerne Toast mit Marmelade.“

„Hast du schon einen Laptop?“

„Nein, ich habe einen Computer. Ich surfe damit oder rufe meine E-Mails ab.“

„Was trägst du gerne?“

„Ich habe meistens eine Jeans mit einem T-Shirt an.“

„Was machst du gerne in deiner Freizeit?“

„Ich fahre gerne Skateboard oder mit meinen Inlinern.

Mit meinen Freunden spiele ich Fußball im Team.“

Susis

Das kann ich jetzt!

Wir verwenden im Alltag viele Fremdwörter.
Man schreibt sie anders als man sie spricht.
Diese Wörter musst du dir merken.

Schreibe die passenden Fremdwörter auf.

Das habe ich geschafft!